AF218308

ELASTICAL
© Elena Miguel Campos 2025

Edición, Corrección y Maquetación: Palabras de Agua Editorial
Ilustración de Portada: Virginia García Coretti
Primera Edición: Diciembre 2025

ISBN: 979-13-88169-03-8
Depósito Legal: M-28068-2025

Impresión: España

Todos los derechos reservados. Quedan prohibidos, dentro de los límites establecidos en la ley, la reproducción total o parcial de esta obra por cualquier medio o procedimiento, ya sea electrónico o mecánico, el tratamiento informático, el alquiler o cualquier otra forma de cesión de la obra sin la autorización previa y por escrito de los titulares del copyright.

Elastical

ME QUITA LOS MOCOS

ELENA MIGUEL CAMPOS

PALABRAS
DE AGUA
EDITORIAL

—¡*Achis!* Mamiiii, tengo mocos —exclamó Alba.

—Ya voy, cariño —dijo mamá.

Alba, es mi hermana pequeña, y yo, soy María. Los que ya conocéis a mi familia, lo recordaréis.

Por si no habéis seguido mis aventuras, os explico un poquito. Yo vivo con mi papá y mi mamá. Mi papá se llama Antonio y es panadero. Y mi mamá se llama Carmen y trabaja como enfermera en el ambulatorio. Tengo dos hermanos: Carlos, de seis, y Alba, de tres añitos. También tenemos una mascota maravillosa: mi perrito Coco. Es de raza Golden de color blanco, como la nieve, y es súper suave, como un peluche.

Vivimos en una casa en un pueblo de montaña. Aquí nos conocemos todos.

Es un sitio tranquilo, y puedo pasear por la naturaleza con mis amigos y Coco. ¡Me encanta! Puedo oler a hierba mojada, cuando llueve, y el aroma de las flores, cuando llega la primavera. Entiendo que hay niños y niñas a los que les encanta vivir en una gran ciudad, pero yo os invito a que caminéis por la naturaleza. Ya veréis cómo os vais a encontrar de mejor humor y os sienta fenomenal.

—Mami, ahora me salen mocos verdes. ¡Qué asco! —exclamó Alba.

—Voy, cariño, voy. Estoy terminando de preparar la cena —respondió mamá.

—Mami, porfi, hazme caso —dijo Alba.

—Avisa a papi, cariño, o a María, y que te ayuden. En este momento no puedo —contestó mamá.

Papá estaba en el piso inferior reparando un grifo que goteaba y por eso no escuchó a Alba, así que fui yo a ayudarla con el paquete de pañuelos.

Alba todavía no ha comenzado el colegio,

como Carlos y yo. Ella todavía va a la guardería. Pero ya le queda menos para venir a nuestra escuela. De hecho, el próximo mes de septiembre creo que ya entrará. Será divertido estar todos juntos, como en casa.

La guardería es una escuela para los niños más pequeños. No penséis que enseñan tonterías allí, porque se hacen cosas muy importantes.

Quizá os preguntéis el qué. Pues por ejemplo enseñan cómo aprender a comer solita, a hacer pipí y caca, y a irse a dormir. Cuando te haces mayor parece que todo eso lo aprendiste cuando estabas en la barriga de mamá, pero no es así. Así, que, si tenéis un hermano o hermanita pequeña, fijaos bien.

Allí las profesoras no tienen la cara tan seria, y son realmente divertidas y cariñosas. Yo, todavía recuerdo a Sonia. Ella me enseñó a hacer caca. ¿Sabéis cómo?

Sonia me acompañaba a sentarme en una sillita muy pequeña con un orificio en el centro. Hoy sé que es el WC pero, en aquel momento, lo miraba con curiosidad. Primero se sentaba ella y ponía cara de velocidad. *Ja,ja,ja…* Y me decía que cerrara los puñitos de mis manos y apretara. Tenía que coger aire, apretar los puños y el culito, y luego soltar el aire. Y ya está: la caquita salía sola. *Ja,ja,ja…*

Lo recuerdo como si fuera ayer. Si embargo, ahora, a mis diez años, todo se ha vuelto más serio. La gente corre por las calles como si no hubiera mañana, sin darse cuenta, posiblemente, de que lo más valioso que tenemos es nuestro tiempo de vida.

También recuerdo con cariño a Pilar. Ella me enseñó a comer solita y a recoger la mesa. De eso hoy mamá está muy contenta.

Por las mañanas, en mi casa, la tranquilidad de la noche se convierte en caos.

¿Sabéis lo que significa caos? Yo no lo sabía hasta hace poco. Pues es algo así como cuando mi profesora Ana sale del aula, y los más revoltosos de la clase, se ponen a tirar papelitos y a gritar.

Os voy a hacer un resumen para que os lo imaginéis. Por la mañana, primero se levanta papá. Él tiene que ir a hacer el pan que luego se comerá medio pueblo. Nuestra panadería está situada en la plaza principal y por allí pasa mucha gente. Tenemos mucha suerte. Pero también os tengo que decir que papá trabaja mucho y muy bien. Hace el mejor pan de la comarca. Incluso le hacen encargos de otros pueblos vecinos.

Papá tiene un ayudante. Se llama Ramón. Es el hijo de una de mis profesoras. Lo conozco porque en verano ayuda en el comedor escolar. Allí sirve y recoge las comidas de los niños que se quedan en la escuela de verano.

Mamá se levanta un poco más tarde que papá. Ella se encarga de preparar la ropa de Carlos y Alba. De la mía ya me ocupo yo. Mamá me dice que ya soy mayor y, además, a mí me gusta elegir mi propio outfit. Así creo mi estilo. ¿Habéis oído hablar del outfit? Seguro que sí, pero, por si acaso, os lo voy a explicar.

Un outfit es un conjunto de ropa. Vamos, lo que voy a elegir ponerme cada día. Por ejemplo: hoy abro el armario y elijo mi vaquero azul. Lo combino con mi jersey blanco con el dibujo del arcoíris, que me encanta. Y, para no pasar frío, me voy a poner mi abrigo granate, el gorro blanco y mis botas negras. ¡Y ya está! ¡Ya tengo mi conjunto ideal para un día de invierno! Además de ayudar a mamá, a mí me parece muy divertido poder escoger la ropa que me pongo. Al final, lo que llevamos puesto también da pistas de nuestra manera de ser.

Mamá nos despierta a Carlos, Alba y a mí. Como sabe que nos hacemos un poco los remolones, ella va preparando el desayuno en la cocina. Aunque no le gusta mucho cocinar con prisas, lo hace por nuestra salud. ¿Sabéis lo importante que es desayunar bien? El desayuno es como la gasolina que el abuelo pone al coche para que pueda andar. Si no, pues no funciona.

Cuando mamá ya está en la cocina, sé que ya se ha levantado deprisa. Ella se viste en diez minutos. ¿Cómo puede ser tan rápida? A mí me cuesta mucho más rato. Supongo que tiene práctica, sobre todo para pintarse tan bien la raya de los ojos sin salirse. ¡Es una artista!

Mamá ayuda un poco a vestirse a Carlos. Pero, con la que pasa más tiempo, es con Alba. Ella es la pequeña y todavía lleva pañal.

Un día, mamá estaba sirviendo el desayuno en la mesa de la cocina, cuando Carlos tropezó y, sin querer, derramó todo el bol de leche. La taza de café de mamá salió volando y manchó toda la ropita de Alba. Ese día mamá ya estaba nerviosa porque llegábamos tarde al colegio y se lió una buena.

Carlos a veces es un poco trasto, pero, la verdad, es que fue un accidente. Alba comenzó a llorar por el alboroto y mamá estalló. Por suerte, esto pasa pocas veces y mami mantiene la calma. Pero, ese día, se quedó todo tirado y Alba se fue con manchas a la guardería.

—¡Venga! ¡Rápido! ¡Todos a la calle, que llegamos tarde! —exclamó mamá.

Y salimos sin rechistar. Excepto Alba, que todavía lloraba. La pobre estaba todavía asustada por el grito de mamá.

La verdad es que a medida que me hago mayor me doy cuenta de todas las cosas que hace mami.

¡Es mi heroína! Y con papi, hacen un gran equipo. Se reparten las tareas y consiguen cosas casi imposibles.

Pero en esta historia, la protagonista es Alba y su fábrica de mocos. Es increíble, pero consigue crear mocos desde el mes de octubre hasta casi el verano. ¿Cómo lo hará?

A Alba no le hace mucha gracia quedarse en la guardería. Preferiría estar más tiempo con nosotros. Pero, a mí, me pasa igual en el colegio.

—Preciosa, ve a buscar tu bata —dijo Sonia.

—Sí —respondió Alba.

Sonia es una de las profesoras de la guardería, como os he explicado antes.

—Pequeños, vamos a hacer el «Buenos días» todos juntos —dijo Sonia.

Cuando todos los niños y niñas llegan, y se ponen sus batitas sobre la ropa, Sonia, con ayuda de Pilar, reúnen a todos y se dan los «Buenos días». Es una bonita manera de comenzar el día y de aprender a ser agradecidos.

Además, el día que Alba llegó llena de manchas,

la bata se las tapó todas, con lo que… ¡Problema resuelto! Aunque yo creo que a mi hermana le dio igual.

En la guarde, se pasan el día jugando. Allí tienen peluches, cochecitos y también una cocinita con un montón de platos y vasos. A mí me encantaba crear mis propias comiditas de juguete. Y luego, las compartía con mis amiguitos.

Allí los peques lo tocan, chupan y comparten todo. Son como ositos muy cariñosos. Recuerdo tantas cosas de aquella etapa…

Cuando Alba y sus compañeros van a comer, Sonia y Pilar preparan las mesas. Colocan unos vasos y platos de colores. Los cubiertos son también muy vistosos y de un material blandito para que no se hagan daño. En casa, mamá le coloca un babero a Alba antes de cada comida, pero, en la guardería, ya llevan bata para todo eso. Por si alguno no recuerda lo que es un babero, deciros que es un protector para evitar que la comida manche la ropa. Puede ser de tela blandita. En ocasiones es de un material plástico y flexible que se lava muy fácil.

Es curioso que todos los niños y niñas pequeños, cuando llega la hora de comer, se acuerdan de que tienen pipí o caca.

Alba todavía lleva pañal, pero, cuando comience en la escuela, no creo que lo lleve. Al menos, eso dicen mamá y papá. Lo cierto es que no sé qué pasará, porque la mayoría de las veces Alba no pide la caca. Pero bueno, seguro que lo consigue.

En la guardería también se duerme la siesta. Seguro que sabéis lo que es, ¿a que sí? Ese sueñecito tan rico que se duerme después de comer. ¡Y qué bien sienta! Luego, cuando creces, te pasas el día en el colegio haciendo deberes. Aunque también hay muchas cosas buenas, como mis amigos. Ah, y las excursiones a la montaña.

Mamá se queja en ocasiones de que Alba no le deja dormir. Cuando papá se levanta para ir a trabajar, Alba comienza a llorar, y mamá se la lleva en brazos para dormir juntas. Me da un poco de pena que Alba llore. Creo que tiene pesadillas, pero luego, por la mañana, no recuerda nada y está tan feliz.

En mi pueblo, el invierno se hace un poco largo. Pero hay fiestas divertidas, como el carnaval. Es una fiesta que habitualmente se celebra en el mes de febrero. Y no sé por qué, pero los niños y los mayores se disfrazan. Un disfraz consiste en ir vestido con ropas de colores, o bien, como tu personaje favorito. Por lo que veo, a algunos señores les gusta vestirse de mujer. ¿Por qué será? Creo que porque quieren probar lo que es llevar zapatos de tacón. Yo me probé un día los de mamá y son muy bonitos, pero, también, ¡súper incómodos! Prefiero mis botas.

Este año me voy a disfrazar de bruja. Me pondré un gorro con estrellas y le pediré a papá que me compre una varita mágica. El vestido quizás me lo haga la abuela Francisca. Ella sabe coser muy bien y tiene unas ideas estupendas.

En la guardería hay tres opciones de disfraz este año, cada uno elige el que más le gusta. Alba quiere ir de cerdita. *Ja, ja, ja...* ¡Seguro que estará preciosa!

Lo que no tengo muy claro es cómo van a

conseguir papá o mamá hacer la colita del disfraz de cerdita. Eso será para verlo. ¡Qué ilusión!

Alba tiene dos amiguitos. Manuel, un niño pecoso y con el pelo muy rizado que come muy rápido, y Patricia, una niña con el pelo negro tan brillante como la luna. A esta edad son monísimos.

—*¡Achis! Tojo, tojo, tojo...* Mami, mami, por favor, ven —dijo Alba.

—Enseguida voy, mi amor —contestó mamá.

Esa noche, Alba lo pasó fatal. Volvía a estar con muchos mocos que le tapaban la nariz y no podía respirar bien. Además, tosía sin parar y se sentía muy cansada. Mamá estuvo toda la noche con ella hasta que las dos se durmieron, rendidas por el cansancio.

Por la mañana, mamá llevó a Alba a la pediatra, que es la doctora de los niños y niñas. A mí me da todavía un poco de miedo ir a su consulta. Todos son muy amables, pero, cuando me ponen alguna vacuna, me hace un poco de daño. Y eso no es muy agradable.

—¿Cómo te llamas? No tengas miedo, ¿vale?

Solo voy a escucharte la espalda. Tranquila —le dijo la doctora a mi hermana.

—Me llamo Alba —contestó muy bajito mi hermana.

La pediatra sacó de un cajón de su mesa un aparatito que se colocó en las orejas y, con un tubito, escuchó la espalda de Alba. En la escuela he aprendido que se llama fonendoscopio. Menuda palabreja rara, ¿verdad? Yo me dije lo mismo para mí misma: fonendo, ¿qué?

Cuando llegué a casa lo busqué por internet con mamá, y es un aparatito con el que se puede escuchar el latido del corazón y los ruiditos del pulmón. Y, además, los hay de diferentes colores.

—Carmen, tu hija tiene una bronquitis aguda —le dijo la doctora a mamá.

—Y, ¿qué debo hacer? —preguntó mamá.

—Mira, sobre todo, no te alarmes. Porque Alba notaría tu nerviosismo. Los pequeños son como esponjas, que absorben todas nuestras emociones. Incluso, las del ambiente donde están. Le ayudará el descanso, comer cosas calentitas ahora en invierno y nada de galletas ni postres azucarados. Eso es caca, la caca blanca del mundo moderno. Te voy a dar un jarabe para la tos. También hay que lavar muy bien sus orificios nasales con suero. Y ahora, durante unos días, unas pastillas y un inhalador para aliviarle un poco la dificultad que tiene para respirar por culpa de los mocos.

—Claro, haré todo lo necesario —respondió mamá.

—Mucha paciencia y, sobre todo, tranquilidad. ¿Alba duerme bien? —le preguntó la doctora a mamá.

—Pues la verdad es que no. La pobre se despierta con frecuencia llorando —dijo mamá.

—Es muy importante dormir bien a cualquier edad. Si puedes, que duerma cerca de ti. Te sentirá y se calmará. Es una fase de su vida. Pasará pronto —le explicó la doctora a mamá.

Como yo acompañé a Alba y a mamá a la consulta de la doctora, lo escuché todo. ¿Por qué tenía que dormir Alba cerca de papá y mamá? Ya no es un bebé, no lo entiendo.

Al llegar a casa, se lo preguntaría a mamá.

—Mami, una cosa. ¿Por qué la doctora ha dicho que es mejor que Alba duerma en la misma habitación contigo y con papi? No lo entiendo —le pregunté.

—Cariño, mira. Cuando naciste tú, eras la primera y tú dormías en nuestra habitación. Yo tenía más tiempo para dedicarte, porque no estaban tus hermanitos. Ahora Alba es la pequeña, y apenas le dedico el tiempo necesario para que coma y vaya limpia. ¿Lo comprendes? —dijo mamá.

—*Ahhhh...* Claro —contesté, aunque yo no estaba muy convencida.

—María, cielo, todos los niños y los mayores necesitan sentirse seguros y protegidos. A mí también me pasa. Por eso papá es importante para mí. Todos somos importantes en esta familia. Y ahora, Alba, creo que no se siente protegida y por eso llora tanto por la noche. Y como duerme mal, pues se pone malita tan a menudo. ¿Comprendes ahora, cariño? —me explicó mamá.

Por la noche, Alba seguía tosiendo y con mocos. Mamá le había dado el jarabe y el tratamiento que le indicó la doctora. Más tarde, cuando se durmió, mamá se la llevó consigo para dormir junto a ella.

Yo estaba en mi habitación. Miraba por la ventana, a lo lejos, el Bosque de la Sabiduría. Entonces recordé el mensaje que mi hada protectora, Wayra, me dio, cuando yo me ahogaba por mi crisis de asma. Ella me enseñó a respirar y a confiar. Seguramente su hermana, el hada reina Stella, tendría alguna solución.

Pedí un deseo con todas mis fuerzas y mi buena intención. Le rogué a Stella que ayudara a mi hermanita Alba. El hada reina podía sentir cuando un niño estaba malito y necesitaba ayuda. Seguro que en su comunidad viviría el hada indicada para conseguir que Alba dejara de estar enferma.

Después de cepillarme los dientes, me acurruqué en mi cama. Coco, mi mascota, se durmió a los pies de mi cama. Y, entonces, reinó el silencio absoluto.

—*Cataclas... clas...*

Me desperté al oír un ruido. Salté de mi cama de un bote y miré a mi alrededor. La puerta de mi habitación estaba cerrada, tal como la dejé al acostarme. Y Coco me miraba con ojos de intriga.

Junto a la lámpara de mi mesita de noche, vi un hada preciosa. Desde mi encuentro con Wayra, el Hada del Aire, no había visto a otra. Aunque, con frecuencia, las podía sentir. Sabía que estaban, aunque no las pudiera ver.

—Y tú, ¿cómo te llamas? —le pregunté con curiosidad.

—Me llamo Elastical —contestó.

—¿Dónde vives? —quise saber.

—Vengo del Bosque de la Sabiduría. Allí somos una gran familia —me explicó.

—Y, ¿por qué has venido a mi casa, Elastical? —le pregunté.

—El hada Stella me dijo que en esta casa vive una niña que necesita mi ayuda. Una pequeña que tiene muchos mocos y está malita. Los mocos son mi especialidad.

Me quedé con la boca abierta. Estaba sentada frente a un hada diminuta y preciosa. Elastical tenía el cabello dorado y ondulado, recogido en una larga y bonita cola. Llevaba un vestido sedoso de color violeta que le llegaba hasta las rodillas. Y unas alas en tonos verde, dorado y violeta, que me recordaban el arcoíris.

Elastical me explicó que era un hada joven. Las hadas viven cientos de años y ella solo tenía 20. Me explicó que aún le quedan muchos desafíos por superar y mucho por aprender. Se sentía muy agradecida a Stella, porque el hada guía de la comunidad, había confiado en ella.

—Y, ¿cómo vas a ayudar a mi hermanita Alba? —le pregunté.

—María, ¿tu hermana Alba cree en las hadas?

—Pues creo que sí. Pero no estoy segura. ¿Por qué me lo preguntas? —le pregunté a Elastical.

—Querida María, tú sí que nos puedes sentir. Percibiste a Wayra antes de verla. Tienes ese don. Cada niño y niña lo tiene, hasta que llega un adulto que les dice lo contrario. La mayoría de los adultos no creen que existamos. Cuando van creciendo se ocupan con cosas de mayores y olvidan las sensaciones que tenían de niños. Muchos se desconectan del mundo de las posibilidades y se centran en su trabajo y en conseguir cosas —me explicó el hada.

Durante unos instantes me quedé muda. Pensé en papá y mamá. ¿Creerían ellos en las hadas?

—María, tendrás que preguntárselo a Alba. Para que yo pueda ayudarla ha de tener confianza y fe absoluta en nuestra existencia. Su corazón ha de estar abierto. Su amor puro es la fuerza que me impulsa —me dijo el hada.

Estaba tan cansada que me quedé dormida. Elastical se acurrucó junto a mí, y aquella noche Coco descansó delante de la puerta de mi habitación. Estábamos en un lugar seguro.

—¡María, María! ¡Arriba!

—¡Venga, María, que se enfría el desayuno! —me dijo mamá.

De un salto bajé de la cama y me vestí deprisa. Corrí hacia la habitación de papi y mami donde vi a Alba. La pobre estaba dormida.

Con mucho cuidado, le di un besito en la mejilla y le toqué el brazo.

—*Psst, psst…* ¡Alba!

—Tengo sueño… ¿qué quieres? —me contestó.

—Alba, ¿tú crees en las hadas? —le pregunté.

—Pues claro que sí. ¿Acaso tú no las ves, María? Déjame dormir un rato más, por favor —me pidió.

Me sentí muy feliz. El hada podría ayudarla. Pero ¿cómo es posible que ella pudiera ver a las hadas? ¿Sería su superpoder?

Como era sábado y no había colegio, mamá dejó dormir a Alba porque ella todavía no se sentía bien. Después de desayunar, fui con Coco a dar un paseo. Mientras caminaba por un sendero, grité:

—¡Elastical, Elastical, ya tengo la respuesta! Alba puede veros. ¡Por favor, ayúdala! —dije bien fuerte.

Yo sabía desde el fondo de mi corazón que el hada me escucharía. Lo sabía.

En unos minutos oí una voz que susurraba:

—María, soy yo. Me has llamado y estoy aquí.

Como hada joven aún necesito aprender remedios y curas. Ayudaré a Alba, pero necesito un ingrediente para la medicina. Ese conocimiento solo lo tiene la hechicera de la Montaña de Destellos Arcoíris, que está más allá del Bosque de la Sabiduría —dijo el hada.

No había oído hablar de la hechicera, y tampoco de la Montaña de Destellos Arcoíris. Debía estar muy lejos, porque allí no nos habían llevado de excursión.

—Elastical, ¿sabes cómo ir? —le pregunté.

—Pues, no, cariño. Pero sí conozco a alguien que seguro que sabe cómo ir: los guardianes del Abeto Azul. Ellos son muy sabios y tienen miles de años —me comentó.

—¿El Abeto Azul? ¿Los guardianes? ¡Qué interesante! —dije.

Elastical me explicó que en el Bosque de la Sabiduría hay un árbol muy preciado. Es el Abeto Azul. Es un árbol único por su belleza y por la profundidad de sus raíces. Se dice que todos los árboles del mundo están conectados a través de la tierra. Parece que están quietos y que no sienten nada, pero no es así. Cuando un árbol nuevo nace, todos sienten alegría. Y cuando hay un incendio y los árboles de una zona sufren, todos sufren. Esa conexión tan intensa también la transmiten a los animales del bosque. Y a los hombres que todavía viven conectados. Aunque la mayoría de los humanos se han desconectado de la naturaleza y no se dan cuenta.

—Muchas gracias, Elastical. Eres muy generosa —le dije.

Si me lo permites, le seguiré explicando tu historia a los niños y niñas que nos leen.

Elastical se despidió enviándome un beso con sus diminutas manos. Siguió su camino hacia el Bosque de la Sabiduría. Ella ya sabía dónde encontrar el Abeto Azul. Estaba cerca de su casa.

Un abeto, es un árbol que tiene hojas durante todo el año. El azul es muy especial porque solo crece en los lugares donde el aire es muy puro.

—¡Ede, Lila, ¿estáis ahí? *¡Eeeede! ¡Liiiiila! Eoeoooo…* —gritó Elastical.

—Estamos aquí. Aquí arriba —contestaron.

Ede y Lila eran los guardianes del Abeto Azul. Ese abeto era el más anciano del bosque. Ellos lo protegían y cuidaban con mimo, y el abeto protegía al resto de los árboles del bosque. Todos allí lo respetaban.

Elastical explicó lo que le ocurría a Alba. Ede y Lila escuchaban con atención. Los guardianes cerraron sus ojos y se abrazaron al Abeto Azul. ¡Seguro que él tendría respuestas!

—Elastical, nosotros no conocemos todo el camino hacia la casa de la hechicera Marjory. Pero sí te podemos guiar hasta la guarida de alguien que ha estado allí: el dragón Axx —explicaron los guardianes del Abeto Azul.

La hechicera se llamaba Marjory. Mi abuela Margarita me habló de ella. Creo que habían sido muy amigas. Marjory era una mujer medicina. ¿Sabéis lo que es?

Una mujer medicina es aquella que hace curas y da soluciones a problemas de nuestro cuerpo. Y lo hace con la ayuda de las plantas, raíces y flores.

Utiliza solo lo que hay en la naturaleza.

Cuando Marjory era joven, era una mujer muy bella. Vi una foto de la abuela con ella. Tenía el pelo rizado y pelirrojo, y lucía un vestido de terciopelo de color verde oscuro, de esos que llevan las princesas en las películas. Con una falda muy larga, hasta los pies.

Para llegar a la guarida del dragón Axx, el hada debía atravesar la tierra de las Arenas Rojas. Ede y Lila no podían acompañar al hada, pero tres animales del bosque se presentaron voluntarios para ir con Elastical. Los guardianes los conocían muy bien. Estaban seguros de que todos juntos harían muy buen equipo. Además, durante el camino, todos tenían cosas que aprender.

La tierra de las Arenas Rojas limitaba el Bosque de la Sabiduría y la Montaña de Destellos Arcoíris. Si llegaban a la casa del dragón Axx, ya estarían muy cerca.

Los tres animales del bosque eran una ardilla roja, un águila y un zorro. Durante el invierno son animales activos.

La ardilla roja se llamaba Noa. Ella era conocida por lo rápida y atenta que era. Enseguida notaba un peligro, y no le gustaba nada estar sola.

El zorro se llamaba Félix. Era conocido por cazar solo. Era muy valiente y capaz, pero le costaba trabajar en equipo.

Y el águila se llamaba Martina. Tenía una vista privilegiada y podía guiar a cualquiera. Sin embargo, era distante. Muchos animales del bosque pensaban que era muy presumida y orgullosa. Pero, en su interior, ella sabía que no era así. Se sentía criticada y juzgada, y por eso ocultaba su sensibilidad ante los demás. Pensaba que, si se mostraba sensible, otros abusarían de ella.

Elastical emprendió su camino hacia la casa del dragón acompañada de sus amigos Noa, Martina y Félix.

Martina sobrevolaba el territorio desde el cielo, y le indicaba a Noa los árboles que debía saltar. Como sabéis, las ardillas pueden saltar de árbol en árbol, son muy rápidas y sensibles. Y Félix, llevaba a Elastical sentadita sobre su lomo. El hada era capaz de volar, pero Félix estaba aprendiendo a ayudar a otros y, además, podía correr mucho.

Llegó un momento en el que cada vez quedaban menos árboles para saltar. El bosque quedaba atrás y se veía por delante un territorio muy diferente. Una zona con arbustos bajitos, piedras, rocas y tierra de color rojo. Noa comenzó a temblar de miedo. Se sintió muy sola, como una vez cuando su comunidad de ardillas le gastó una broma pesada. A la pobre la abandonaron en su primer cumpleaños. Y eso hizo que, a partir de ese día, Noa tuviera un miedo terrible a estar sola en zonas desconocidas.

Ella había aprendido a valerse por sí misma en los lugares del bosque que conocía bien. Pero cuando salía de su tierra natal, se moría de miedo. Pensaba que alguien le podía hacer daño, que podía morir, que la iban abandonar. ¿Creéis que sería por eso por lo que el hada la había elegido para acompañarla? ¿Sería que tenía que aprender a confiar en sí misma y en los demás? Seguramente, sí. Y, sobre todo, también tendría que aprender a pedir lo que necesitaba. Noa se había sentido muy sola porque se habían reído de ella. Necesitaba el abrazo cálido de los demás. A veces era tan pesada, que algunos animales del bosque se alejaban. Ocurría justo lo contrario de lo que ella pretendía.

Félix y Elastical llegaron al mismo lugar donde se encontraba la ardillita.

—Noa, ahora tendremos que ir juntos. Sube encima de Félix —dijo el hada.

—Pero Félix me puede comer. ¡Es un depredador! —contestó la ardilla.

—Entiendo tu miedo, Noa, pero yo te ayudaré a superarlo. Estamos todos aquí juntos en este viaje para ayudar a Alba. No te va a pasar nada, te lo garantizo. Félix te va a respetar. Te doy mi palabra —explicó el hada.

—¿Seguro, seguro? Elastical, ¿cómo puedo saberlo? —dijo Noa.

—Confía en mí. Algún día tienes que empezar a confiar. Yo no te voy a abandonar. Todos no somos iguales, cariño —explicó el hada.

Aunque Noa estaba temblando de miedo, subió en la espalda del zorro Félix. Se sentó junto al hada y continuaron el viaje. Juntos comenzaron a adentrarse en la tierra desconocida de las Arenas Rojas.

Martina volaba en lo alto. Aunque estuviera lejos, se mantenía pendiente del bienestar de sus compañeros de viaje en todo momento. Un viaje, que iba a cambiar sus vidas.

—¡Chicos, hacia la derecha! —avisó Martina a sus compañeros.

—Gracias —respondió el hada.

Entre todos, gracias a su trabajo en equipo, llegaron a la guarida del dragón. El lugar era exactamente como los guardianes del Abeto Azul les habían detallado.

Martina descendió hasta el suelo y se acercó a sus amiguitos. Elastical, Noa y Félix se quedaron mirando la puerta de entrada de la casa del dragón. No se veía nada al fondo. La entrada tenía un orificio enorme que se adentraba en el interior de una colina. Seguro que sabéis que una colina es como una montaña bajita, ¿verdad?

—Chicos, ¿y, ahora qué? Tengo mucho miedo —dijo Noa.

—Yo me quedaré vigilando desde aquí. Voy a subir volando a lo alto de la colina y, si hay algún peligro, os avisaré —se ofreció Martina.

—Gracias. Eres muy generosa —pronunció el hada.

—Y yo entraré en la cueva el primero, abriendo paso. Así, si hay algún peligro, yo os defenderé —dijo Félix, el zorro.

—Tu generosidad y valentía es admirable. ¡Sabes defender a tu equipo! Gracias, Félix —contestó el hada.

—Pues, entonces, yo también entraré. ¡Confío en vosotros! —exclamó Noa, la ardilla.

Martina ocupó su lugar, mientras Noa, Félix y el hada, se adentraban en la cueva del dragón Axx.

Elastical encendió una pequeña luz. Ella siempre tenía lo necesario y, en su diminuta mochila, había incluido una linterna mágica. Poco a poco, todos se fueron adaptando a la poca luz del lugar. Tras un buen rato, llegaron a una zona de la cueva mucho más amplia. Allí vieron unos destellos de luz dorada. ¿De dónde podían venir? Estaba todo casi a oscuras…

Nuestros amigos siguieron caminando, y los destellos de luz ya se habían convertido en algo más grande. Podían ver una luz dorada muy intensa. ¿Sería el dragón?

Aunque todos sentían miedo, siguieron adelante, pasito a pasito.

La luz era la pequeña llama que salía de la boca del dragón con cada una de sus respiraciones. Estaba profundamente dormido.

—¡Qué grande es! —exclamó Noa.

—Y, ¿qué vamos a hacer ahora? —dijo Félix.

—Habrá que despertarlo. Necesitamos saber el camino hasta la casa de la hechicera Marjory. Y solo el dragón conoce el camino —pronunció con decisión el hada.

—¡Pero es que es enorme! Tengo mucho miedo —susurró Noa.

—Yo lo haré —contestó Félix.

Aunque Félix sentía miedo porque sabía que con un soplido del dragón podía morir, dio un paso adelante, se colocó frente a él y rozó su nariz con su cola peludita.

—¡*Achiss!* ¡*Achiss!* —estornudó el dragón.

Félix seguía moviendo su cola y frotándola con la nariz de Axx, el dragón.

—¡*Aaaaaachisssss! Arrrrgg.* ¿Quién está ahí? —gritó el dragón.

Félix salió corriendo. Y Noa y el hada, se escondieron tras una piedra.

—¡Salid! Sé que estáis ahí. Os puedo sentir —dijo el dragón Axx.

Elastical se adelantó y, a continuación, la siguieron Félix y Noa.

El hada le explicó al dragón el motivo de su visita. Aunque tenían mucho miedo, estaban frente a él.

—Habéis sido muy valientes. Yo estaba dormido, pero, en mis sueños, os estaba viendo. Sabía que erais capaces de llegar hasta aquí. Habéis superado vuestros miedos. Habéis arriesgado vuestra vida por el bienestar de una niña —contestó el dragón.

Axx, el dragón, tenía razón. Noa había superado su miedo al abandono. Confiaba en sus compañeros de viaje. Sabía que no la iban a dejar sola. Era algo que había experimentado en ese viaje. Entonces se dio cuenta de que también podía sobrevivir fuera de su zona de confort.

Félix sentía un gran miedo al rechazo y por eso siempre iba solo. Y bajo esa apariencia de dureza, había demostrado que era capaz de trabajar en equipo y dar lo mejor de sí mismo.

Martina aprendió que no todos la iban a juzgar y criticar. Podía mostrar su liderazgo, y también abrir su corazón a sus nuevos amigos. Ellos realmente llegaron a conocerla y a valorarla por cómo es. Solo puedes amar a quien conoces. También aprendió que no hay que escuchar a todos los que te critican.

—Axx, ¿nos ayudarás a llegar a la Montaña de Destellos Arcoíris? —le preguntó el hada al dragón.

—Pues claro. Sois dignos de mi respeto. Habéis superado vuestros límites —respondió el dragón.

—Gracias, Axx —susurraron todos a la vez.

—¿Os atrevéis a subir sobre mí y volar aún más alto? Gracias a vuestra valentía y fortaleza llegaremos más rápido a casa de Marjory, la hechicera —exclamó el dragón.

Salieron juntos de viaje. A lo lejos, ya se veían con más claridad los colores arcoíris. La casa de Marjory estaba situada en lo alto de un camino, rodeada de mucha vegetación. Por fuera tenía un aspecto muy sobrio. Parecía que dentro iba a hacer mucho frío. ¿Sabéis por qué?

Pues porque las paredes de su casa eran de cuarzo. Puede que algunos ya lo sepáis, pero os lo voy a explicar. El cuarzo es un mineral mágico. Lo hay de varios colores. El de las paredes de la casa de Marjory era blanco, casi transparente. Por eso, en las horas de luz, cuando el sol se reflejaba, se podían ver los destellos arcoíris.

Este efecto arcoíris era el que habíamos visto a lo lejos. Era la señal para poder llegar a su casa. Aunque, para eso, primero había que atravesar la tierra de Arenas Rojas y despertar al dragón. Y eso, solo lo conseguían aquellos que vencían a su propio miedo.

Elastical llamó a la puerta. Tras unos segundos, apareció una mujer de rostro muy agradable.

—¿Quiénes sois? ¿Qué deseáis? —dijo la señora.

—Soy Elastical, el hada de los mocos. Y estos son mis amigos: Noa, Félix, Martina y Axx.

Estamos aquí porque los guardianes del Abeto Azul nos han dicho que solo tú nos puedes ayudar —explicó el hada.

—Adelante, pasad y explicadme el problema —les invitó la amable mujer.

Marjory era una mujer anciana, pero todavía era muy bella. Lucía un rostro cuidado, un cabello gris plateado como la luna y unos ojos verdes muy profundos. Su voz era cálida y acogedora, como su casa por dentro.

Ella vivía allí desde hacía unos años. Aunque estaba sola, se sentía tranquila y en paz. Hace tiempo, su corazón se cerró y se quedó helado porque le hicieron mucho daño. Era una buena mujer que confió en el amor y la traicionaron. Desde aquel momento, decidió cambiar su vida. Se dedicaba a inventar remedios para enfermedades, e invirtió todo ese amor en crear algo bueno.

Hasta el día que un alma pura, dc amor ticrno y sincero, le hiciera volver a creer en el amor genuino y abrir su corazón de nuevo. Ese día volvería a integrarse en la civilización.

Marjory escuchó con atención. Explicó a nuestros amigos que idearía un remedio para disolver del todo los mocos de Alba.

Durante los dos días siguientes, la anciana trabajó sin descanso. Recolectó unas hierbas de la naturaleza, y las cocinó durante horas en su horno, a fuego lento. Cuando el remedio estuvo listo, le añadió unas gotitas de suero de cuarzo blanco mágico. Lo agitó todo y lo introdujo en unos frasquitos.

—Aquí tienes, Elastical. Con este remedio, la niña se sentirá bien —dijo Marjory.

—Ven con nosotros, por favor —dijo el hada.

—Hace años que no viajo —explicó la anciana.

—Con Axx el dragón llegaremos muy rápido y no te cansarás nada. Te lo prometo —contestó el hada.

—De acuerdo. Así podré conocer a Alba. Si ella me lo permite —dijo Marjory.

Esa noche todos fueron a descansar pronto. Les esperaba el viaje de regreso a casa.

Axx volaba tan alto y rápido que en pocas horas llegaron a casa de Alba.

Martina vigilaba desde lo alto del cielo. Noa y Félix se quedaron en el bosque, en su hogar. Acompañaron a Axx a una cueva abandonada del Bosque de la Sabiduría para que pudiera estar cómodo.

Elastical llevó a Marjory al hostal del pueblo para que descansara. Esa noche ella tenía trabajo que hacer.

Mientras tanto, en mi casa, mamá preparaba la cena y papá ponía la mesa. Carlos se fue a lavar las manos y yo ayudaba a Alba a sonarse los mocos. ¡Parecían pegamento!

Cuando terminamos de cenar, mamá acostó en la cama a Alba. Los demás aún estuvimos un rato hablando y jugando a las cartas. Era divertido poder pasar ese rato de juego en familia.

Como yo tenía ganas de hacer pipí, fui al baño

y me acerqué a ver a Alba. Estaba dormida.

Me senté a su lado, en la cama, y en aquel momento apareció el hada.

—¿Vas a ponerle la cura que hizo Marjory? —pregunté.

—Primero voy a pedir permiso a Alba. Aunque esté dormida sé que sabe que estoy aquí —contestó el hada.

Elastical se acercó a mi hermanita y le pidió permiso al oído. Siempre hay que respetar lo que grandes y mayores desean.

Por el gesto que vi en mi hermana, enseguida supe que estaba de acuerdo.

Elastical se llamaba así, porque tenía la capacidad de moldear su diminuto cuerpecito. Podía introducirse en lugares donde otras hadas no pueden.

El hada aprovechó un ronquido de Alba para entrar en su boca y desde aquí llegar a su vía respiratoria.

Con mucho cuidado y cariño, el hada colocó el remedio a lo largo de todos los pequeños bronquios de Alba. Para los que no lo tenéis demasiado claro, os lo voy a explicar. Los bronquios son los tubitos que conectan la nariz y la boca con los pulmones. Son como las tuberías de agua que tiene una casa.

Cuando Elastical terminó de poner toda la cura, salió del cuerpo de Alba aprovechando uno de sus estornudos.

¡Fue increíble y maravilloso!

Yo estaba en mi habitación, pero me costaba dormir. Estaba pensando en qué ocurriría por la mañana.

Esa noche era sábado. El domingo, que estamos más relajados, podríamos ver el resultado de todo el esfuerzo del hada y de sus compañeros de viaje.

—¡Mami, mami! Tengo hambre —dijo Alba.

—Cariño, ¿Ya te has levantado? Duerme un poquito más. Es domingo —contestó mamá.

—Por favor, mamá. ¿Desayunamos? Quiero ir al parque —dijo Alba.

—Aún hace frío. Además, anoche cuando te acosté todavía tenías muchos mocos —respondió mamá.

—¡Estoy genial y no tengo mocos! —exclamó Alba.

Mamá se sintió muy feliz al ver a Alba recobrar su energía. Cuando un niño se mueve poco, es mala señal. Para nosotros los niños, es importante ir al colegio, pero también jugar. Así, aprendemos a hacer las cosas de forma diferente. Siempre hay otras maneras, ¿no creéis? La imaginación no tiene límites.

Yo sí lo creo y por eso me gusta tanto leer y pasear por la naturaleza. Se me ocurren cosas nuevas y diferentes, sobre todo cuando me quedo un rato mirando cómo corre el agua del río.

—Alba, ¿quieres conocer a una amiga de la abuela Margarita? —le dije.

—¿A esa señora tan guapa que sale en la foto con la abuela? —me preguntó.

—Sí, a esa —le respondí.

—Claro —contestó mi hermana.

Alba enseguida reconoció a Marjory. La abrazó fuerte, como si fuera de la familia.

Marjory se emocionó. Vi cómo le salían lágrimas de sus ojos. Unos ojos que sonreían como nunca. Creo que aquel día Marjory derritió el hielo que había en su corazón. Una coraza que llevaba durante años. Y fue por el intenso dolor que sintió cuando un ser muy querido al que amaba, la traicionó.

Alba era el alma de corazón puro y noble que consiguió que Marjory volviera a amar. Que volviera a abrirse a conocer a nuevas personas. Y la hechicera, consiguió una cura para sus mocos. ¿Fue magia? ¡Quién sabe!

Elastical se volvió más sabia en aquel viaje. Noa ya no se sentía abandonada. Podía confiar en ella misma. Félix era capaz de cazar solo, pero también en equipo con sus iguales. A Martina la miraban los animales con respeto y dulzura. Ahora sabían que no era presumida ni orgullosa. Solo era tímida y le costaba hacer amigos.

Y yo, aprendí que todos nos necesitamos.

Y, vosotros, ¿creéis en las hadas? Mirad bien a vuestro alrededor.

¿QUÉ ES UNA BRONQUITIS?

La bronquitis es una inflamación del envoltorio de los bronquios.

Los bronquios son las tuberías o conductos por donde circula el aire desde el exterior hasta los pulmones.

Has de pensar en una bronquitis cuando tienes mucha tos con mocos. También puedes sentirte cansado. A veces puedes notar pitos o silbidos en el pecho que te dificultan respirar.

La mayoría de las veces, la causa es un virus. Se cura en poco tiempo: de 7 a 10 días.

La tos es un mecanismo de defensa del cuerpo para que las cosas que detecta como malas, las pueda expulsar. Y los mocos son un sistema de limpieza. De esta manera, el moco atrapa lo que el cuerpo detecta como sucio. Y como no debe estar ahí, el objetivo es sacarlo fuera, como la basura.

En ocasiones estos síntomas pueden durar semanas.

La tos y los mocos suelen ser muy molestos, pero tienen solución.

Así que, ahora ya sabes mucho más.

COSAS EN LAS QUE DEBES PENSAR:

- Hay que tener hábitos saludables en tu vida.

- Es muy importante un buen descanso para que tu cuerpo se recupere.

- Si compartes objetos, los chupas, y luego te tocas los ojos y te frotas la nariz, puedes tener más infecciones por virus. Es importante lavarse bien las manos.

- Come alimentos calentitos en invierno. Ayudan a tu cuerpo a entrar en calor y recuperarse antes.

- Prioriza los alimentos naturales e intenta evitar los alimentos más procesados.

- El expulsar mocos es igual que sacar la basura o lo que está sucio de tu cuerpo.

- El contacto físico con las personas que amas también cura. Una buena dosis de afecto y cariño ayuda a recuperarse antes. Y unas gotitas de risa y alegría aumentan tu bienestar.

- Recuerda sacar fuera de tu cuerpo las emociones que ya no necesitas. Como en la naturaleza, la energía se recicla en otra cosa.

AUTOCUIDADO. SEÑALES DE ALERTA.

- Mocos.

- Tos.

- Cansancio.

- Silbidos y pitos en el pecho.

EMOCIONES:

Busca en qué momento de la historia los protagonistas experimentan estas emociones:

Alegría:

Ilusión:

Miedo:

Rabia:

Ira:

Inseguridad:

Tristeza:

Vergüenza:

Soledad:

Esperanza:

Confianza:

Serenidad, tranquilidad, paz:

Coraje:

Amor:

ELEMENTO DE LA NATURALEZA:

La época del año en la que tiene lugar la historia es el invierno. El elemento de la naturaleza que rige el invierno es el agua.

El agua simboliza la calma, la fluidez y el cambio. También se relaciona con la inteligencia natural de la naturaleza. Como todo en la vida, hay ciclos, y todo cambia.

Es una estación del año Yin.

Como sabéis, los ritmos de la vida y la naturaleza se dividen en Yin y Yang.

El yin indica silencio, frío, descanso. Es una época de regeneración de la tierra para resurgir en primavera.

ELASTICAL:

Es un hada de la familia de las Hadas del Agua.

Elastical se encarga de hacer los mocos más fluidos, para que sea fácil expulsarlos al exterior. Ella puede moldear su pequeño cuerpo e introducirse por orificios muy diminutos. De esta manera, puede ayudar a los niños, disolviendo los mocos para que respiren bien.

También nos enseña la importancia de eliminar todo aquello que ya no nos sirve. Los mocos, una vez que han hecho su función de limpieza de residuos, se expulsan.

De igual manera, las emociones que ya no son útiles, hay que soltarlas. Primero abrazarlas, para entender como nos sentimos. Y luego, dejarlas ir. Soltar para evolucionar y crecer.

Actividades

Haz un breve resumen de la historia...

....
....
....
....
....
....
....
....
....
....
....
....
....
....
....
....

Dibuja a tu personaje favorito

Enumera él/los protagonistas de esta historia y haz una breve descripción de cada uno de ellos...

....
....
....
....
....
....
....
....
....
....
....
....
....
....
....
....

FICHA DEL GRAN LECTOR:

Título del cuento:

....

Autor:

....

Editorial:

....

ISBN:

....

¿Quién narra la historia?

....

Resume la historia en una sola frase:

....
....
....

Dibuja una portada alternativa para esta historia...

Enumera tus cinco cuentos favoritos...

....

....

....

....

....

....

....

....

....

....

....

....

....

....

....

....

Narra una breve historia donde tú seas el protagonista

....
....
....
....
....
....
....
....
....
....
....
....
....
....
....
....
....
....

···
···
···
···
···
···
···
···
···
···
···
···
···
···
···
···
···
···
···
···
···
···
···
···

Dibuja una portada para tu historia...

Enumera él/los protagonistas de tu historia y haz una breve descripción de cada uno de ellos...

....
....
....
....
....
....
....
....
....
....
....
....
....
....
....

Dibuja a tu personaje favorito...

Actividades propuestas por el profe...

....

....

....

....

....

....

....

....

....

....

....

....

....

....

....

....

....

....

....
....
....
....
....
....
....
....
....
....
....
....
....
....
....
....
....
....
....

....
....
....
....
....
....
....
....
....
....
....
....
....
....
....
....
....
....

....

....

....

....

....

....

....

....

....

....

....

....

....

....

....

....

....

....

....

....

....
....
....
....
....
....
....
....
....
....
....
....
....
....
....
....
....
....